W9-CRA-033

Vida sana

Frutas

por Vanessa Black

Bullfrog Books

Ideas para padres y maestros

Bullfrog Books permite a los niños practicar la lectura de texto informacional desde el nivel principiante. Repeticiones, palabras conocidas y descripciones en las imágenes ayudan a los lectores principiantes.

Antes de leer

- Hablen acerca de las fotografías. ¿Qué representan para ellos?

- Consulten juntos el glosario de fotografías. Lean las palabras y hablen de ellas.

Durante la lectura

- Hojeen a través del libro y observen las fotografías. Deje que el niño haga preguntas. Muestre las descripciones en las imágenes.

- Lea el libro al niño, o deje que él o ella lo lea independientemente.

Después de leer

- Anime a que el niño piense más. Pregúntele: ¿Cuántas porciones de fruta crees que comes al día? ¿Cuál es tu fruta favorita?

Bullfrog Books are published by Jump!
5357 Penn Avenue South
Minneapolis, MN 55419
www.jumplibrary.com

Library of Congress Cataloging-in-Publication Data

Names: Black, Vanessa, 1973– author.
Title: Frutas / por Vanessa Black.
Other titles: Fruits. Spanish
Description: Minneapolis, MN: Jump!, Inc., [2017]
Series: Vida sana
"Bullfrog Books are published by Jump!"
Audience: Ages 5–8. | Audience: K to grade 3.
Includes bibliographical references and index.
Identifiers: LCCN 2016042845 (print)
LCCN 2016045522 (ebook)
ISBN 9781620316498 (hardcover: alk. paper)
ISBN 9781620316566 (pbk.)
ISBN 9781624965333 (ebook)
Subjects: LCSH: Fruit in human nutrition—
Juvenile literature. | Fruit—Juvenile literature.
Nutrition—Juvenile literature.
Health—Juvenile literature.
Classification: LCC QP144.F78 B5318 2017 (print)
LCC QP144.F78 (ebook) | DDC 641.3/4—dc23
LC record available at https://lccn.loc.gov/2016042845

Editor: Jenny Fretland VanVoorst
Book Designer: Molly Ballanger
Photo Researcher: Molly Ballanger
Translator: RAM Translations

Photo Credits: All photos by Shutterstock except: Getty, 10–11, 14–15, 16, 20–21, 23tr.

Printed in the United States of America at Corporate Graphics in North Mankato, Minnesota.

Tabla de contenido

Muchas variedades

Es hora de comenzar el día.

Rex bebe jugo.

Nan prueba higo.
¡Mmm!

La fruta sabe rica.
También es buena
para la salud.

kiwi

Jed come kiwi.

Meg prueba sandía.

Estas frutas contienen
vitamina C, la cual ayuda
a combatir la gripe.

9

Ty come una naranja.

Pia come un plátano.

Estas frutas contienen
ácido fólico, el cual
ayuda a la salud
de la sangre.

manzana

Rae prueba mango.

Bai come una manzana.

Estas frutas contienen fibra, la cual te ayuda a digerir.

vid

uvas

Las frutas
crecen en plantas.

Las uvas crecen
en la vid.

Las ciruelas crecen en árboles.

ciruela

arbusto de arándano

Las arándanos
crecen en arbustos.

¿A ti te gusta la fruta?
Hay muchas variedades.
¡Pruébalas todas! ¡Mmm!

Tu porción diaria de frutas

Necesitas de tres a cuatro porciones de fruta al día.

uvas
Las uvas crecen en racimos en una vid; las uvas secas se llaman pasas.

manzana
Las manzanas crecen en árboles; hay más de 7,500 variedades distintas de manzana.

pera
Las peras crecen en árboles; son una excelente fuente de fibra.

arándano
Los arándanos crecen en arbustos; son una de las pocas frutas que son nativas de América del Norte.

Glosario con fotografías

ácido fólico
Vitamina
que ayuda al
cuerpo a formar
glóbulos rojos.

fibra
Parte de la
comida que no
se puede digerir.

digerir
Cuando tu cuerpo
cambia la comida
en cosas que tu
cuerpo necesita
para funcionar bien.

vitamina C
Sustancia química
que se encuentra
en la fruta y que
ayuda a proteger a
las células de daño.

Índice

Para aprender más

Aprender más es tan fácil como 1, 2, 3.

1) Visite www.factsurfer.com

2) Escriba "frutas" en la caja de búsqueda.

3) Haga clic en el botón "Surf" para obtener una lista de sitios web.

Con factsurfer.com, más información está a solo un clic de distancia.